JUNIOR POEM SERIES

ぼくの北極星

尾崎杏子・詩集

日向山寿十郎・絵

もくじ

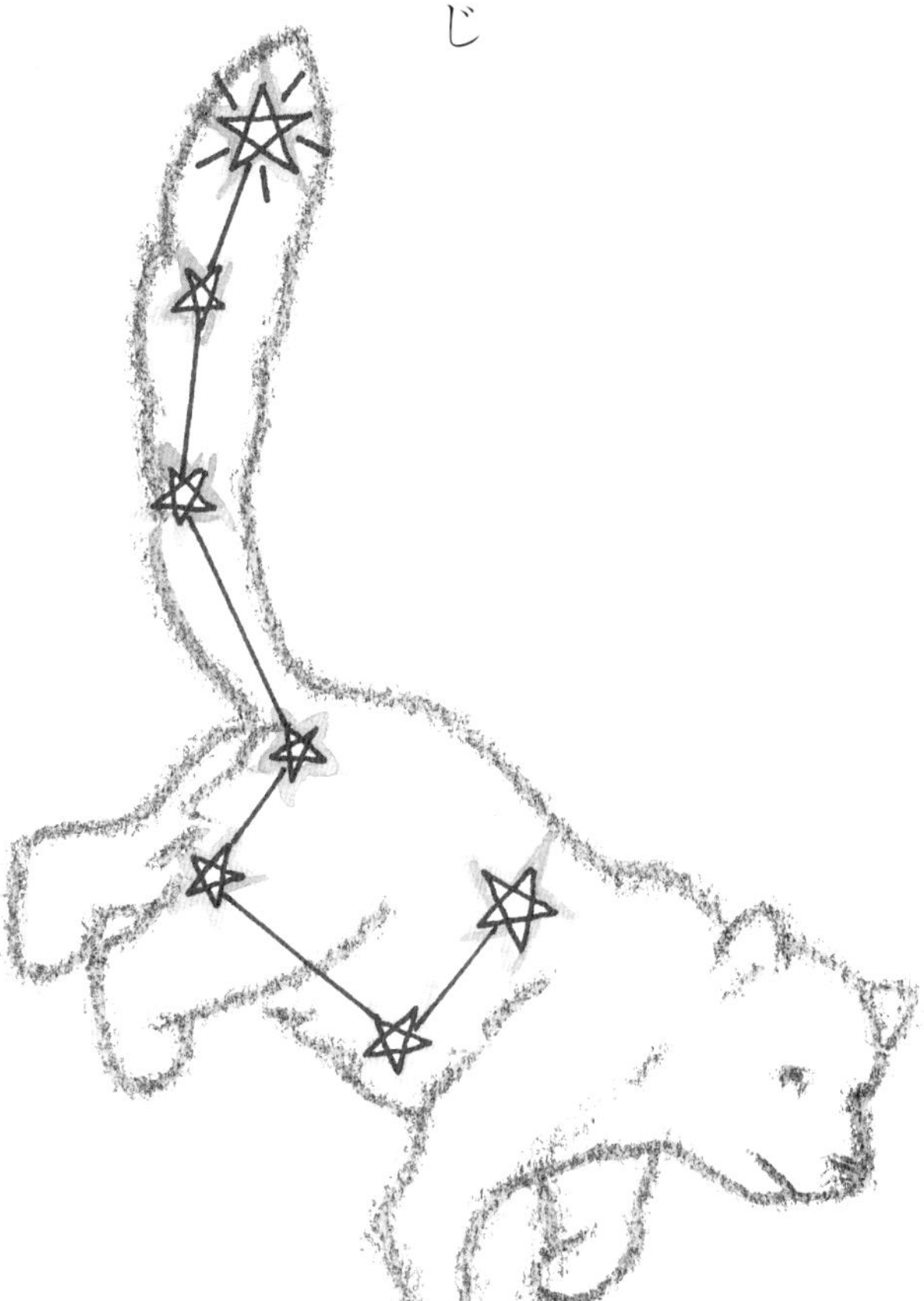

I　ぼくの北極星《ほっきょくせい》

Ⅱ　はじめてのまわり道

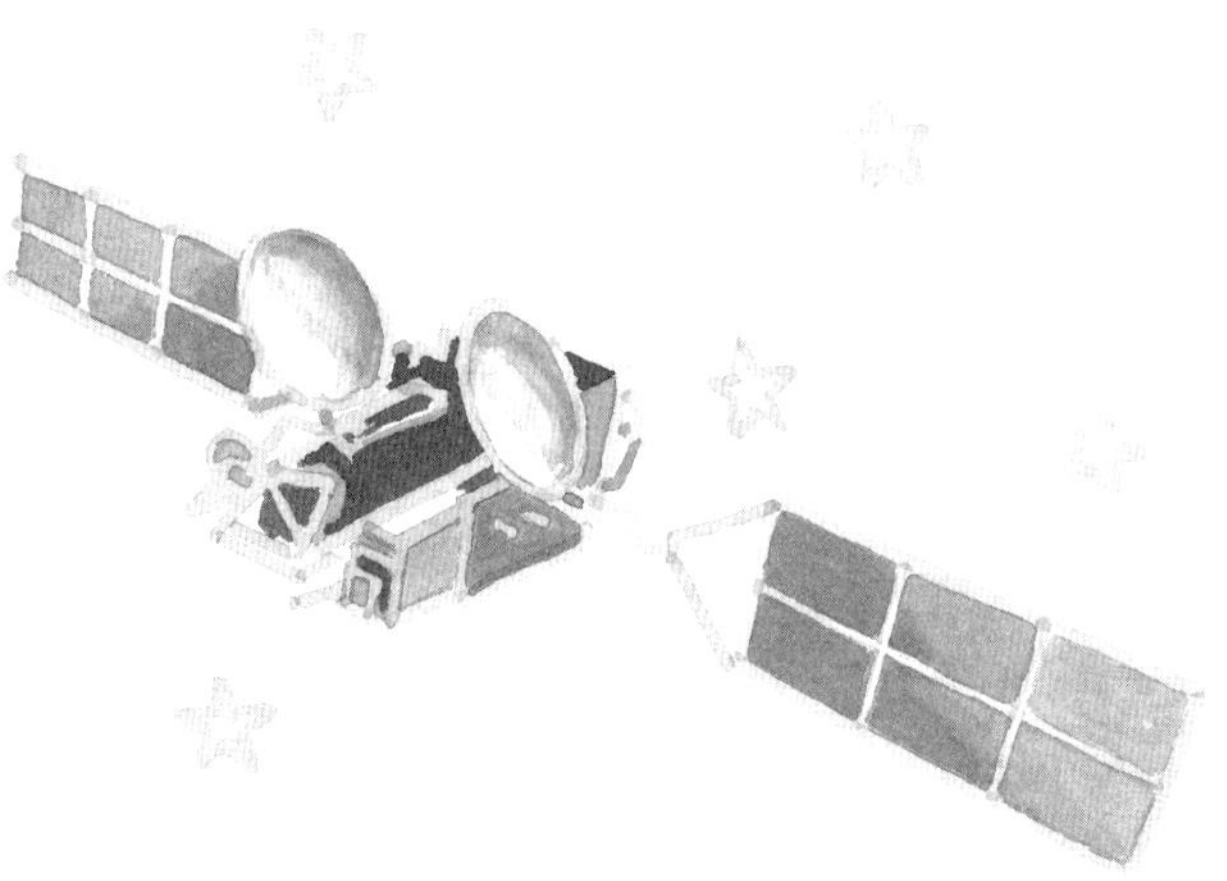

I　ぼくの北極星《ほっきょくせい》

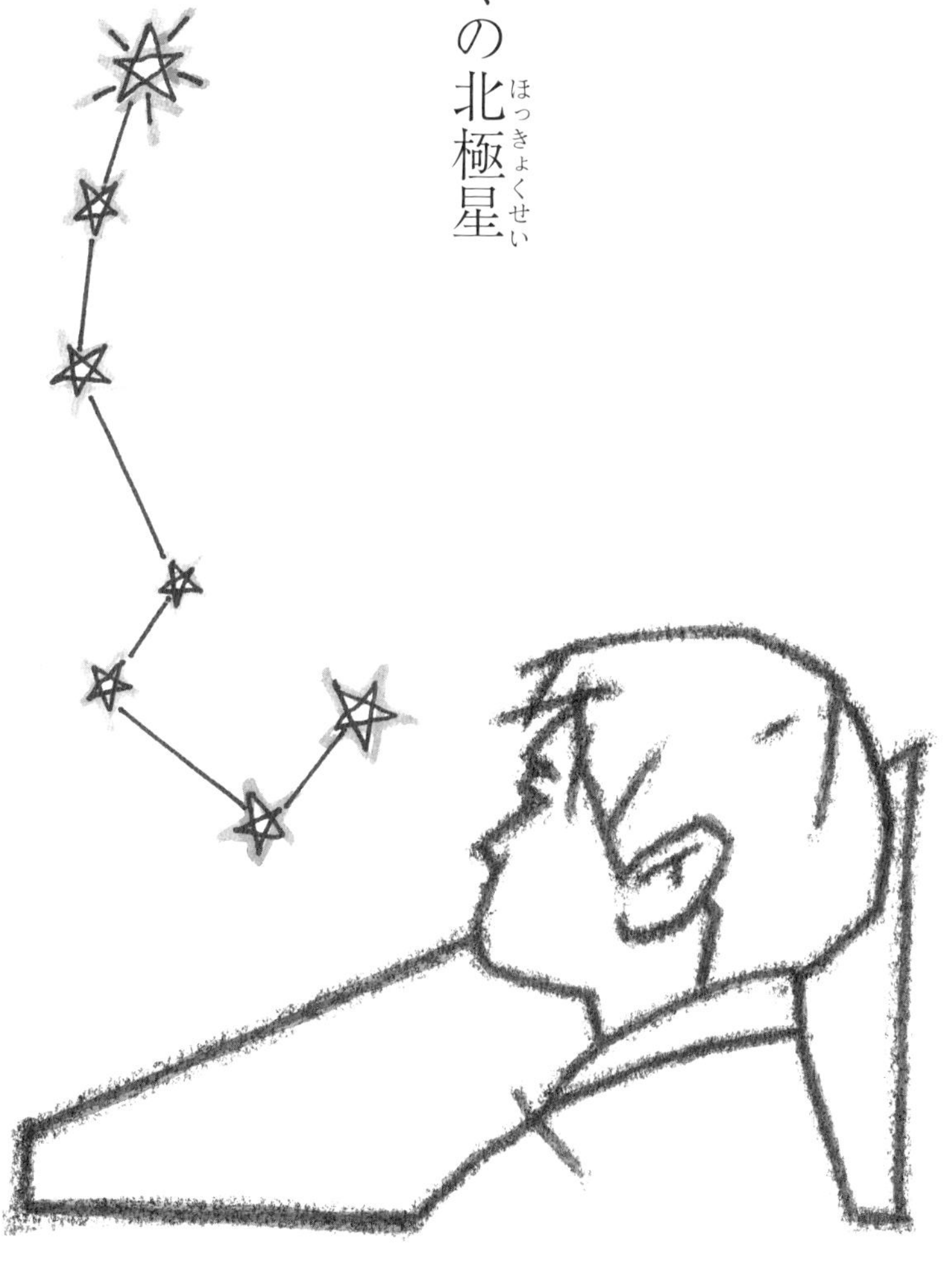

ぼくの北極星《ほっきょくせい》

朝練《あされん》に向かう途中《とちゅう》
高い空をブイの字にならんで
北に向かっている鳥
迷《まよ》いもなく　ひたすら北へ北へ

めざす先はどこだろう
地図も　ナビゲーターもなく……
昔《むかし》　旅人《たびびと》は北極星をめじるしにしたという

わからない
ぼくはどこへ向かえばいいのか……
なにを目標《もくひょう》にすればいいのか……

ぼくの北極星をみつければ
きっとあの鳥のように
ゆうゆうと羽ばたけるにちがいない

気になる大きなカバン

おとなりのお兄ちゃん　たのしそー
いつも大きなカバンをかたに
口笛《くちぶえ》ふきふき　かけていく

なにがはいっているのってきいたら
デッカイ夢《ゆめ》がはいっているんだよ
おまえもいい夢　みつけろだって

ぼくの夢は宇宙飛行士《うちゅうひこうし》　大リーガー
こん虫はかせもすてられない
大きなカバン　みつけなくちゃ

ワクワクがわいてきた！

夢《ゆめ》をもち続ければ
かならずかなうと　おとなたちは言う
野球選手も　サッカー選手も
宇宙《うちゅう》飛行士《ひこうし》もそう言った

夢を見つけたら
いつも心のまんなかにおいて
自分を信じて　努力《どりょく》したら
夢はかならず　かなうと言った

好きなことならきっとできる
あこがれた仕事を　がんばってる
未来のぼくを　想像《そうぞう》したら
ほら　ワクワクがわいてきた！

獅子座流星群《ししざりゅうせいぐん》

まだかな　まだかな
ほんとに流れ星がみえるかな
まばたきしないで　みつめてる

さむいの　わすれ
ねむいの　わすれ
くらい夜空を　みあげてる

スゥーイ　あっ　流れ星一つ
どきどきするよ
これからはじまる　獅子座流星群

鯉《こい》も宇宙《うちゅう》にいけたらいいな

青空をおよぐ鯉
風をたべておよぐ鯉
やさしい風がふく日には
ゆったり　ゆーらり　のーんびり
鯉を空におよがせた
さいしょの人はすごいなー

大空をおよいだ鯉
つぎはどこをおよぎたい？

宇宙にいったメダカもいるよ！
鯉も宇宙にいけたらいいな
宇宙でおよぐ鯉
世界中の人がおどろくね

火星の超大接近《ちょうだいせっきん》

火星です　地球《ちきゅう》の近くにきました
となりの惑星《わくせい》なのに遠かった
地球が明るいのでびっくりです

このまえ　地球の近くにきたとき
ネアンデルタール人が住んでいた
そのころの地球はくらかったなー

このつぎ　火星の超大接近は
何百年もあとになります
どんな地球にあえるか楽しみです

まぼろしのアイソンすいせい

宇宙《うちゅう》のはてからやってきた
ながーい尾《お》をひく
アイソンすいせい
地球人《ちきゅうじん》はみんな　わくわくまってたよ
何億年《なんおくねん》もかけてやってきたのに
太陽《たいよう》にちかづきすぎた
アイソンすいせい
とけて消えてしまった　まぼろしのすいせい

オリオン座《ざ》の赤い星

オリオン座の赤い星
ベテルギウス
太陽《たいよう》の千倍《ばい》もの大きな星
やっぱり宇宙《うちゅう》のスケールは　けたはずれ

まもなく死《し》んでいく星
ベテルギウス
爆発《ばくはつ》すると満月《まんげつ》くらいに輝《かがや》くと言う

見えた時は　すでに何百年も昔《むかし》の爆発
それほど遠くて　広大《こうだい》な宇宙

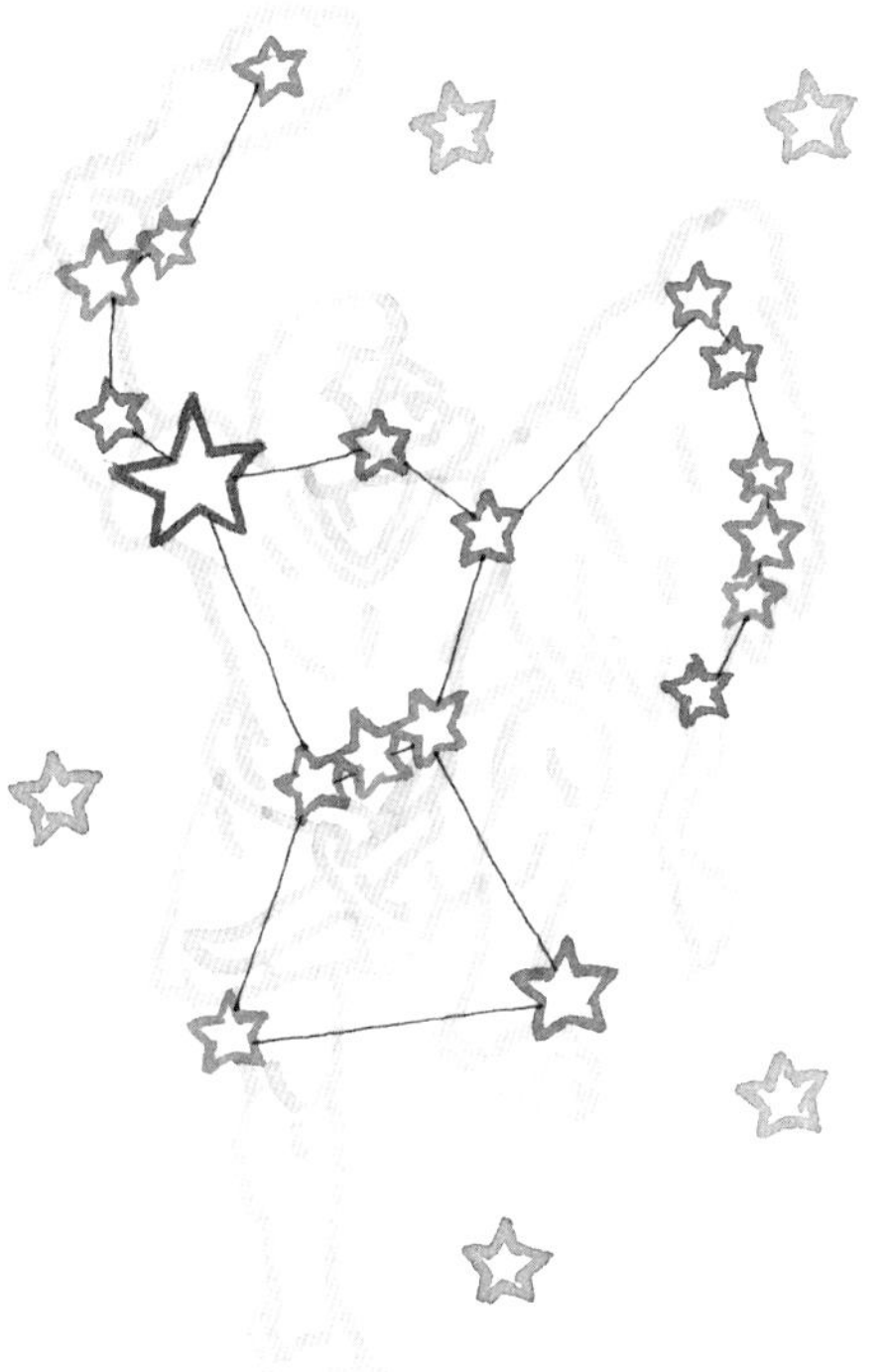

ふしぎなサンゴ

色もとりどり　形もさまざま
南の海の　ふしぎなサンゴ
お花のようだけど　花じゃない
小枝《こえだ》のようだけど　木でもない
かたい岩のようだけど　岩でもない
サンゴはいったい何でしょう

サンゴは魚のゆりかごで
魚といっしょに　くらしてる

酸素《さんそ》をいっぱいはきだして
きれいな海にしてくれる
満月《まんげつ》の夜には産卵《さんらん》するという
なんとサンゴは動物なんだって

貝殻《かいがら》をすてた海うし

赤　青　黄色
カラフルな体の海うし
貝のなかまなのに　貝殻をすてて
海のあさせで
自由に　生きている
貝のなかには
　もうにげこめないんだよ

フリルをなびかせ
おしゃれをたのしむ海うし
貝殻のかわりに　手にいれた姿《すがた》
潮《しお》だまりで
のびのび　暮《く》らしてる
貝のなかで
　きゅうくつなのがいやなんだね

字かな　絵かな

ひろいひろい砂《すな》はまに
風がのこした風紋《ふうもん》
もしも字だったら
どんな気持ちを　書いたのだろう
だれに読んでほしかったのかな
風がのこした　おき手紙

さらさら乾《かわ》いた砂はまに
風がえがいた風紋

もしも絵だったら
かいては消して　がんばってる
いったいだれに見せたいのかな
風がえがいた　おおきな絵

ママのふしぎなお話

むかーし　むかし　そのむかし
きら星の坊《ぼう》やたちが
よるの空で光るだけじゃつまらない
明るい海で遊びたいよー
さわいだ星の坊やたち
空からおちて海星《ひとで》になって
海でくらすようになりました
ええ！　うそ！　ほんと？

むかーし　むかし　そのむかし
いがぐり坊やたちが
木の上でゆれるだけじゃつまらない
広い海で遊びたいよー
さわいだいがぐり坊やたち
木からおちて海栗《うに》になって
海でくらすようになりました
ええ！　うそ！　ほんと？

あて字

海豚《いるか》　海豹《あざらし》・海馬《あしか》　海象《せいうち》

海で暮らす海獣《かいじゅう》たちよ
こんなあて字で
呼ばれているのを知ってる？

命の始まりは海なのに
陸の生き物が基準のような　あて字で
気を悪くしないでね

海月《くらげ》　海星《ひとで》

海で暮らす君たちよ
うっとりするような
いいあて字

それでも地球《ちきゅう》がすきだから

大地をひきさいた　巨大地震《きょだいじしん》
家も　橋《はし》も　道路《どうろ》もみんな壊《こわ》した
地球って円《まる》くてやさしいだけの
星じゃないことを知った
忘《わす》れずに　心のおくに記《しる》しておこう
それでも　地球がすきだから
数えきれない命《いのち》を育《はぐく》む
緑の大地がすきだから

海が山になって襲《おそ》った　巨大津波《きょだいつなみ》
人も　家も　田畑もみんなのみこんだ
地球って水のある美しいだけの
星じゃないことを知った
忘れずに　心のおくに記しておこう
それでも　地球がすきだから
数えきれない命を育む
青い海がすきだから

マリンスノー（海雪）

雪がふる　雪がふる
海の中でも雪がふる
光もささない深海《しんかい》の
底にむかってふるふる
マリンスノー

雪がつもる　つもる
海のそこにも雪がつもる
人もいけない深海の

底につもるつもる雪
マリンスノー

未知の世界《せかい》でくらす
深海生物たちの
だいじな糧《かて》となる
マリンスノー　マリンスノー
マリンスノー

遠い山の向こう

遠い山の向こうに
　きょうも夕日がしずんだ
山にかこまれたボクの街は
心もそまるような　夕やけにつつまれ
影法師《かげぼうし》も　すれちがう風さえも
あわい紫《むらさき》をおびている
いつもみなれた　すきな夕ぐれ

遠い山の向こうに
　いつでも夕日はしずむ
山の向こうにはなにがあるの
きっと夕日はそれを　しっているだろう
ボクもいつか　たしかめにいきたい
未知のとびらを　ひらくように
まだしらない山の向こうへ

世界遺産《いさん》になった富士山《ふじさん》

富士山は
世界遺産になったから
いつもとなにか　ちがうかな
てれて笑《わら》っているかしら
なかよしの
雲とハイタッチしてるかな

富士山は
世界遺産になったから
いつもとどこか　ちがうかな
天狗《てんぐ》になっているかしら
なかよしの
雲に自慢《じまん》をしてるかな

地球《ちきゅう》はふしぎがいっぱい

地球はふしぎなことだらけ
何億年《なんおくねん》も前に大陸《たいりく》がちぎれて
今の形になったといわれても

まあるい地球の海の水
こぼれてなくならないなんて
引力があるからといわれても

世界《せかい》で一番高いヒマラヤに
貝の化石《かせき》があるから
昔《むかし》は海の底だったといわれても
ぼくには　どうしても信《しん》じられない！

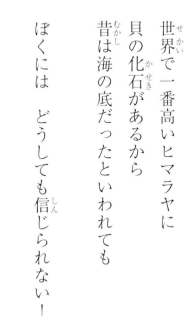

地球《ちきゅう》の体温《たいおん》

地球がファーっとあくびをしたら
どこかの山が煙《けむり》をはく

地球がヒックとしゃっくりしたら
お腹《なか》の熱《あつ》いマグマが動く

地球がゴホンと　せきをしたら
どこかの山が噴火《ふんか》する

地球のふところ深《ふか》くで　温《あたた》められた水が
温泉《おんせん》となって　とうとうとあふれ出る

地球の体温に守《まも》られて　冬眠《とうみん》する
熊《くま》や蛙《かえる》や虫たち　寒《さむ》さに弱い生き物がたすかる

地球が風邪《かぜ》をひかないように
いつも平熱《へいねつ》でいてほしい

お疲《つか》れさま！　ディスカバリー

宇宙《うちゅう》と地球《ちきゅう》を行ったり来たり
すごい役目《やくめ》をはたして引退《いんたい》した
宇宙連絡船《れんらくせん》ディスカバリー

大きなジャンボジェット機《き》が
ごくろうさまと　いたわるように
ディスカバリーを背中《せなか》にしょった

ケネディー宇宙センターから
スミソニアン博物館《はくぶつかん》までの
最後《さいご》の旅《たび》はおんぶされて

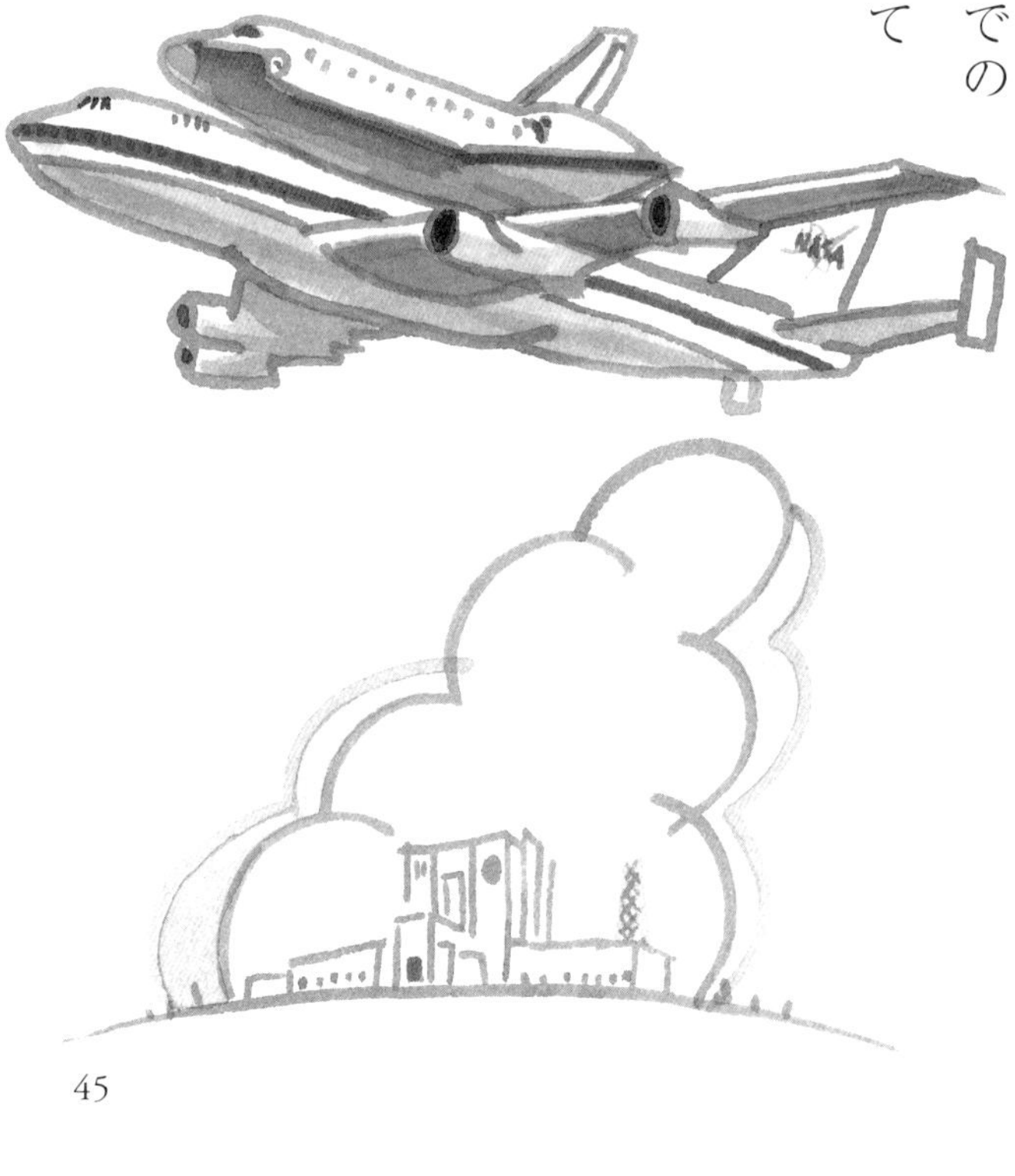

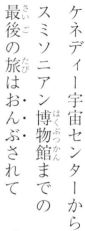

Ⅱ　はじめてのまわり道

はじめてのまわり道

夕焼《ゆうや》けがまちをのみこんだ
ファンタジックな空気が
遠まわりをさそう
はじめてのまわり道は　小さな冒険《ぼうけん》
知らないまちも景色《けしき》も風までも
であうものは
みんなみんな新鮮《しんせん》だよ

夕焼けにそまって歩くまち
なにかを期待《きたい》して
心がはずむ
はじめてのまわり道は　探検《たんけん》きぶん
未知《みち》をきりひらいているようで
であうものは
みんなどきどき新鮮だよ

幼稚園《ようちえん》にあそびにくる風さん

風さんがいるよ
見えないけれど　いるのがわかる
ほーらね　窓《まど》をたたいて
おへやにいれてと
　おねだり　してるでしょ

風さんがいるよ
見えないけれど　いるのがわかる

ほーらね　カーテンくぐって
みんなの絵本を
めくって　いるでしょ

いろいろってどんな色？

お姉《ねえ》ちゃんがいってた
「いろいろあって楽しかった」
いろいろって楽しい色なんだ
お兄ちゃんがいってた
「いろいろあるからめんどくさいよ」
いろいろってめんどくさい色なのかな

お母さんがいってた
「いろいろあるからしんぱいなの」
いろいろってしんぱいな色かもしれない

おちばのプールで

おちばのプールへ　とびこんだ
はっぱをかきわけ　もぐったら
カブトムシになったきぶん

おちばのプールで　せおよぎだ
みんなに　おちばをかけられた
かわいたはっぱの　においにむせた

おちばのプールは　こわくない
とびこみ　クロール　バタフライ
できないおよぎが　なんでもできる

ドクターイエロー

きいろい新幹線《しんかんせん》が走ってる
線路《せんろ》のゆがみを　みつけ
危険《きけん》なところを　みつけ
お客《きゃく》のあんぜん　まもるため
役目《やくめ》をおって　走る　走る　走る
ドクターイエロー　ドクターイエロー
ドクターイエロー　ゴー　ゴー

きいろい新幹線が走ってる
駅《えき》がきても　とまらない
人をはこぶ　しごとじゃない
お客のかいてき　まもるため
きあいをいれて　走る　走る　走る
ドクターイエロー　ドクターイエロー
ドクターイエロー　ゴー　ゴー

うれしいおさがり

お姉《ねえ》ちゃんはなんでもしんぴん
わたしはすえっこ
なんでもおさがり
いつもまっさらにあこがれている
でもたまにはうれしい　おさがりもある

かどがおれているピーターラビット
らくがきのある本
しみのついてる本

どれもよれよれ　おさがりの本
だけどお話は　よごれたりしない

お姉ちゃんと話がつながる
気もちもつながる
心もつながる
たまにはすえっこも　いいことがある
だからうれしいおさがりの本

くすぐりの刑《けい》

まんがをだまって
　よんだだろう
ほんとのことをいわないと
　くすぐるぞー
おにいちゃんが
　足のうらを　こちょこちょこちょ
アハ　イヒ　ウフ　くすぐったいよ
いうよ　いうから　もうやめて！

ゲームをだまって
つかっただろう
はくじょうしないと
　くすぐるぞー
おにいちゃんが
　わきのしたを　こちょこちょこちょ
アハ　イヒ　ウフ　くすぐったいよ
いうよ　いうから　もうやめて！

親友って！

親友なのに
ちいさなことで　ぶつかりあった
親友って　なんだろう
きっとあの子も　なやんでる

親友だから
ちいさなことが　ゆるせなかった
親友って　しばることじゃない
そうだあの子と　はなしあおう

親友だって
意見《いけん》がちがって　あたりまえ
親友って　みとめあうことだ
ずっとあの子と　親友でいたい

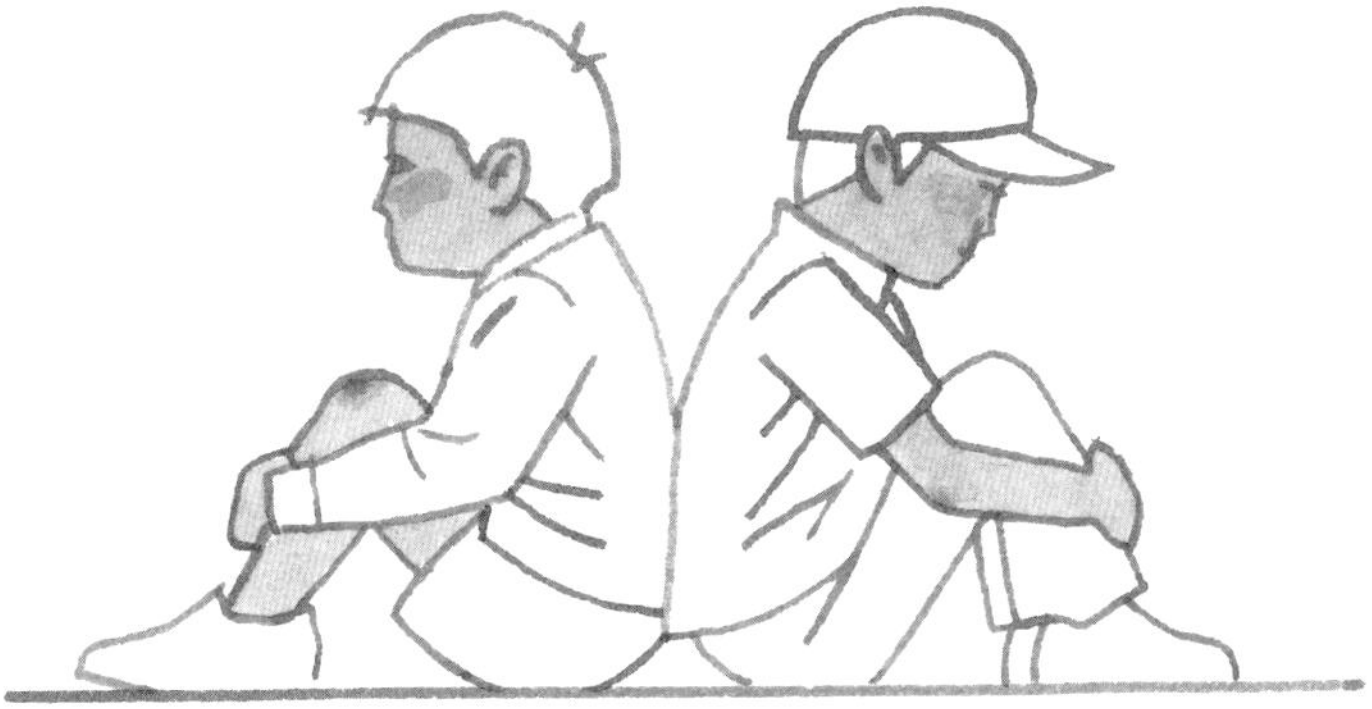

春は黄色がすき

山のふもとに菜《な》の花がさいた
いちめん黄色い海がひろがり
みつばちの羽音《はおと》もいそがしそう
春は黄色がすきらしい

春はゆっくり山をのぼっていく
枯木《かれき》のような木々《きぎ》が芽《め》ぶき
まんさく　さんしゅゆ　あぶらちゃん
山でも黄色い花が咲《さ》く

みもざの花の黄色は

二月のつめたい風のなか
みもざの花がぷっくりほころんだ
ためらっていた春が
かけよってきそうな
　明るい黄色

お日さまの光がうきうきと
みもざの花のまわりでおどってる

母さんがつくってくれる
そぼろたまごと
おんなじ黄色

五月のそらは　きもちいい！

まぶしい五月の大空を
かぞえきれないほどの鯉《こい》
風をたべたべ　およぐんだ
くじらのように大きいのに
しっぽのさきまで　風まかせ
はたはた　はたはた　きもちいい！

まぶしい緑の山あいに
色とりどりの鯉のむれ

川をみおろし　およぐんだ
おなかにたくらみなんかなく
あっけらかんと　風まかせ
五月のそらは　きもちいい！

パンパスグラス

秋の空にむかって　ぐんぐんぐん
すすきのおばけ　パンパスグラス
とびきりじょうぶな　パンパスグラス
黒いマントの魔女《まじょ》が
こわれたほうきの　かわりにしようと
選びにくるかも　しれないね

秋の風にゆれて　さわさわさわ
すすきのおばけ　パンパスグラス

右に　左に　パンパスグラス
ほさきを風になびかせて
広がるうろこ雲　はきよせようと
空のおそうじ　しているみたい

落《お》ち葉《ば》はなかよし

公園のひだまりで
モミジ　イチョウ　ケヤキにサクラ
色とりどりの落ち葉たち
あったかそうにおひるねしてる
散《ち》ってはじめて　であったのに
ずーっとまえから　なかよしだったように
かさなりあって　おひるねしてる

公園のひだまりで
モミジ　イチョウ　ケヤキにサクラ
風にさそわれた落ち葉たち
つむじをまきまき　かけだしたよ
散ってはじめて　であったのに
ずーっとまえから　友だちだったように
からから笑《わら》って　おにごっこしてる

りんごの湯《ゆ》

りんごの里の
りんごの湯
湯ぶねに　りんごがうかんでる
赤いお顔で　プカ　プカ　プカ
かたにさわって　はなれては
きもちいいかと　ききにくる

りんごの里の
りんごの湯

湯ぶねの　りんごがじゃれている
ういて　しずんで　プカ　プカ　プカ
りんごのかおりを　ふりまいて
せいいっぱいの　おもてなし

はじめて雪にさわったよ

雪ってね
ふわっと　綿《わた》のように
軽《かる》いんだとおもってた
ところが　ところが
初《はじ》めて雪かきをして
びっくりしたよ
雪ってとっても重《おも》いんだよ

雪ってね
ふわっと　綿のように
やわらかいとおもってた
ところが　ところが
初めて雪がっせんをして
びっくりしたよ
雪ってかためると　痛《いた》いんだよ

つららこわいな

のきしたにさがった　つんつん　つらら
カキーンととがって
みてるとこわい
つらら　ギザギザ
きょうりゅうの歯《は》のようだよ

するどくとがった　つんつん　つらら
よだれをたらして
まちかまえてる

ティラノサウルス
たべちゃうぞーといってるみたい

Ⅲ　土の番人

土の番人

おれはミミズ
土の番人だよ
おれをみたら
きもちわるーいときこえてくるが
ミミズがいるから　いい土なんだ
おれのことを　もっとだいじにしてよ

おれはミミズ
土作りの名人

おれのいる土にはきれいな花が咲《さ》くんだよ
おいしい野菜《やさい》もできるのさ
おれのことを　もっとわかってほしいよ

なめくじさん　ごめんね

しらなかったの　ごめんね
なめくじさんだってこと
かたつむりが　お家をおいて
おさんぽしてると　おもったの

しらなかったの　ごめんね
なめくじさんだってこと
こんどどこかで　みかけたら
「なめくじさん」って　よぶからね

ヨットであそぼ

アリさんのぎょうれつ
池のほうにむかってる
大きなチョウの羽を
かついでいくよ

アリさんのぎょうれつ
セーリングにいくみたい
チョウの羽を帆《ほ》にして
ヨットであそぼって

あお虫くん！

あお虫くん
うらやましいな
きみのみらいは
羽をやくそくされてるから

あお虫くん
わくわくするでしょ
チョウになったら
空をとんでいけるんだもの

ぼくだって
変身《へんしん》したいよ
よわ虫をぬぎすてて
強くカッコよくはばたきたいよ

ぼくはダンゴ虫だよ

ぼくのひみつを　おしえてあげる
にがてなやつにであったら
体をまるめてダンゴになるよ

ぼくのそっくりさんは　ワラジ虫
みわけるコツをおしえるよ
ワラジ虫はダンゴになれない

ぼくのこうぶつは　かれ葉《は》だよ
体づくりにかかせない
コンクリートもときどきたべる

とってきのひみつはね
ぼくのウンチは四かくだよ
うそだと思ったら　かんさつしてね

スズメはみんな話ずき

スズメはみんなに　なんでもそうだん
朝からこえだに　あつまって
チュンチュン　チュクチュク
お話なかなか　まとまらない

スズメはみんなと　いっしょがすき
おいしい草のみ　みつけたよ
チュンチュン　チュクチュク
みんなみんな　あつまっておいでよ

スズメは日暮《ひぐ》れも　まだ話す
ねぐらちかくの　竹やぶで
チュンチュン　チュクチュク
くちぐちに　きいてきいてとまらない

ツクツクボウシが鳴いて

夏に　はじめて
ツクツクボウシが鳴いた
もうすぐ夏休みが　おわるんだ
ツクツクボウシの声に　あわせて
宿題《しゅくだい》すんだ？　宿題すんだ？
つぶてのように
母さんのくちぐせ　はじまるぞー

夏のおわりに
ツクツクボウシが鳴いて
たまった宿題　かたづけろ
あせるぼくに　おいうちをかける
わかってるんだ　わかってるけど
テレビのように
チャンネルを　きりかえられないよー

さるだんご

しもがおりて
ふるえてるおさるたち
みんなでみんなで　くっついて
だんごになって　さむさしのご

きたかぜふいて
なみだめのおさるたち
さむいなさむいな　くっつこう
だんごになって　あったまろう

だんごのそとがわ
さむくて　ハズレのせき
まんなかは　超《ちょう》あったかせき
なんといってもボスのせき

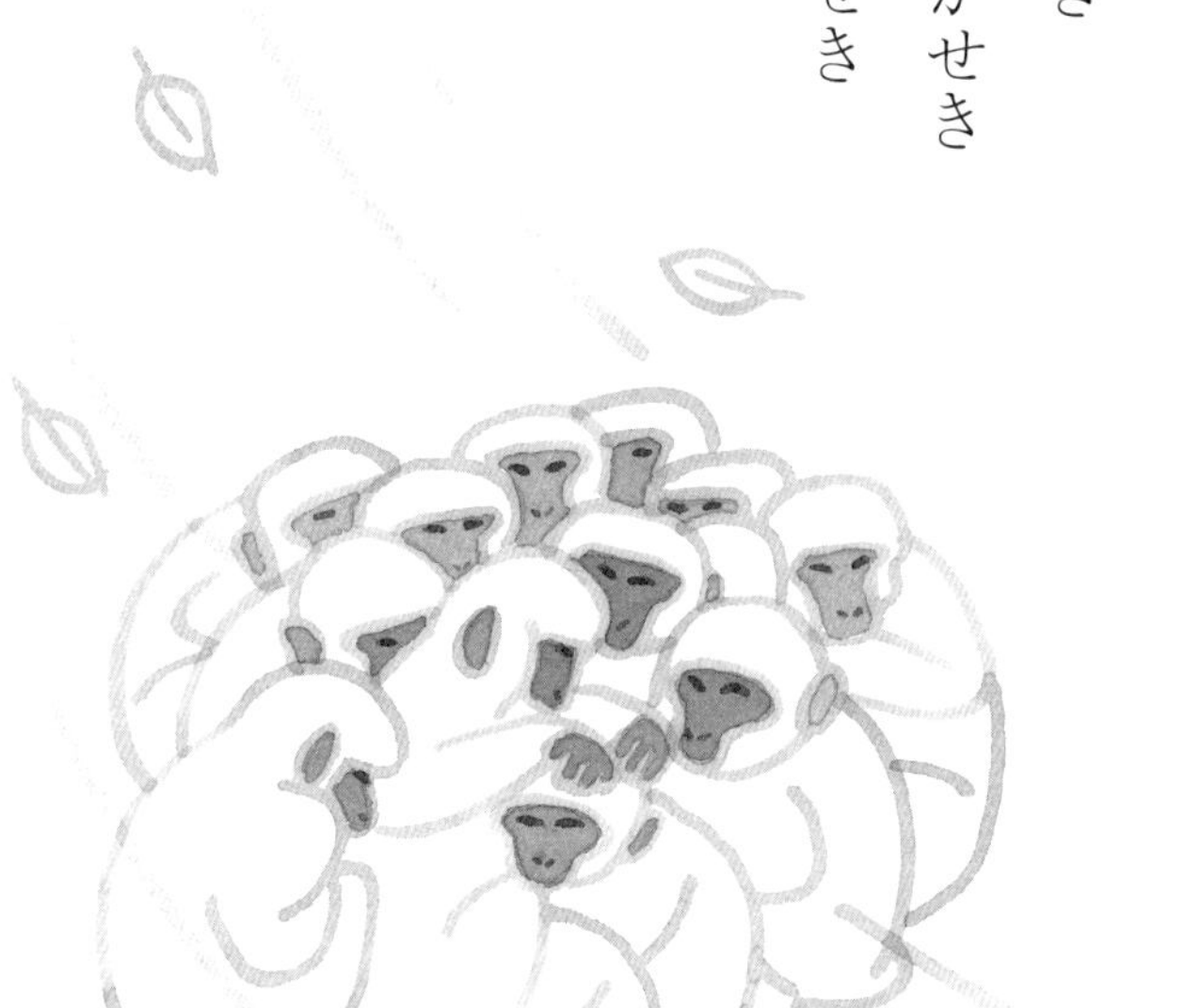

温泉《おんせん》につかるサル

北風ピューっと
さむい日に
温泉につかって
のんびり　目をとじているおサルたち
しぐさが人と　おなじだね
いいゆだなーと　サルをわすれてる

雪がふりつもると
なおさむい

温泉につかって
あんぐり　あくびをしてるおサルたち
気もちは　人とかわらない
いいゆだなーと　サルをわすれてる

たよれるしっぽ

木から木へとびうつる　クモザルは
しっぽを手のようにつかう
いつもしっぽを幹《みき》にまきつけてるから
手がすべっても
枝《えだ》がおれてもへいきだよ

たたかう技《わざ》がキックの　カンガルーは
しっぽを足のようにつかう
いつもしっぽで体をささえてるから

りょう足つかって
キックしたってへいきだよ

しっぽ　しっぽ　しっぽ
しっぽは使いかたで
いろんなしごとができるんだね

ボクはナマケモノ

一日は日光浴《にっこうよく》ではじまる
体をあたためないと　動けない
木の枝《えだ》にぶらさがったままの
ミツユビナマケモノ
生きのこるための省《しょう》エネさくさ
なのに人はナマケモノとよぶんだ

一日数まいの葉《は》っぱをたべて
にっこり笑顔《えがお》で　ねむってる

木のうえでじいーっと動かない
ミツユビナマケモノ
生きのこるためのエコ生活
なのに人はナマケモノとよぶんだ

しま・しまの魔法《まほう》

ブラインドのすきまから
月の光がつくるしましま
体はしましま
足もしましま

心のなかまで　しみこんで
しま馬になったような気分

こんやの夢《ゆめ》は
きっとしま馬

大地をけって　かけている
風をきり　たてがみなびかせ
サバンナいちの
おしゃれなしま馬

きょうりゅう博《はく》

みたよ　みたよ　みたんだよ
スーパーサウルスの　全身のほね
ウワー　ほんとうにいたんだね
木の葉《は》を食べるだけなのに
どうしてこんなにデッカクなるの

みたよ　みたよ　みたんだよ
きょうりゅうの　胃《い》のなかにあった石
何万年もむかしの石だね

かたい葉っぱの　しょうかをたすけ
まあるくすべすべになってたよ

みたよ　みたよ　みたんだよ
きょうりゅうの　卵《たまご》のかせき
いがいに小さくて　気がぬけた
デッカイきょうりゅうの卵だから
かかえきれないかとおもったのに

あとがき

君たちは知っているかしら
虫たちが数億年をかけて　進化してきた
その知恵と　神秘を
けんめいに解明　研究して
人の進歩につなげようとしていることを

軽くて強い　弾力がある蜘蛛《クモ》の糸から
人工血管や宇宙服をつくる

細くて折れない蚊の針が
痛みの少ない注射針に進化

カブトムシの幼虫が持っている
抗菌《こうきん》タンパク質から
病院の枕カバーや　シーツを開発

人のすばらしさに　胸がわくわくするでしょ
これから出会うたくさんのものに心を動かし
その鼓動《こどう》を感じながら　おとなになってください

主婦の友の通信教育から詩作を始めて三十年、いよいよ後期高齢突入にあたり節目の「しおり」になればとの思いで詩集を紡ぐことにいたしました。
今日まで続けてこられましたのは、木曜会の宮中雲子先生、故宮田滋子先生のご指導、お励ましを戴きましたおかげでございます。
そして詩友の皆さんありがとうございました。

出版にあたり「海辺のほいくえん」ともども楽しい絵で演出してくださいました日向山寿十郎先生にお引き受けいただけたことは、大きな喜びでした。御礼申し上げます。「銀の鈴社」の皆様、数々のご助力をいただきましたことに感謝申し上げます。

二〇一八年　七月吉日

尾崎杏子

詩・尾崎杏子（おざき　きょうこ）

1943年　岡山県生まれ
1987年　主婦の友通信教育にて若谷和子・宮中雲子両氏に師事
1988年　木曜会入会
　　　　宮中雲子・宮田滋子両氏に師事
1993年　日本童謡協会入会
　　　　現在「木曜手帖」「ポエム・アンソロジー」「年刊童謡詩集こどものうた」
　　　　「子どものための少年詩集」に作品を発表している
2005年　『海辺のほいくえん』（銀の鈴社・ジュニアポエムNo.170）刊

絵・日向山寿十郎（ひなたやま すじゅうろう）

1947年、鹿児島県に生まれる。幼児期に画家の叔父と、そこに寄寓していた放浪の画家、山下清氏を通し絵画の存在を知る。

15才より洋画家に師事し、絵画の基礎を学ぶ。

後年、広告デザイン会社を経てグラフィックデザイナーとして独立。

イラストレーターとして様々なジャンルの絵を手がけている。

NDC911
神奈川　銀の鈴社　2018
112頁　21cm（ぼくの北極星）

ジュニアポエムシリーズ　283　2018年7月30日初版発行
本体1,600円＋税

ぼくの北極星

著　　者　尾崎杏子 ©　絵・日向山寿十郎 ©
発 行 者　柴崎聡・西野真由美
編集発行　㈱銀の鈴社 TEL 0467-61-1930　FAX 0467-61-1931
〒248-0017 神奈川県鎌倉市佐助 1-10-22 佐助庵
http://www.ginsuzu.com
E-mail info@ginsuzu.com

ISBN978－4－86618－052－6 C8092
落丁・乱丁本はお取り替え致します
印刷　電算印刷
製本　渋谷文泉閣

…ジュニアポエムシリーズ…

No.	詩・絵	書名	
1	鈴木 敏史詩集 宮下 琢郎・絵	星の美しい村	★☆
2	小池 知子詩集 高志 孝子・絵	おにわいっぱいぼくのなまえ	★☆
3	鶴岡千代子詩集 武田 淑子・絵	白い虹	児文芸新人賞
4	楠木しげお詩集 久保 雅勇・絵	カワウソの帽子	
5	津坂 治男詩集 垣内 美穂・絵	大きくなったら	★◇
6	後藤れい子詩集 山本まつ子・絵	あくたれぼうずのかぞえうた	
7	北村 蔦子詩集 柿本 幸造・絵	あかちんらくがき	
8	吉田 瑞穂詩集 吉田 翠・絵	しおまねきと少年	◇⃞★◎
9	新川 和江詩集 葉 祥明・絵	野のまつり	★☆
10	阪田 寛夫詩集 織茂 恭子・絵	夕方のにおい	◆⃞★☆○
11	高田 敏子詩集 若山 憲・絵	枯れ葉と星	★☆
12	原田 直友詩集 吉田 翠・絵	スイッチョの歌	★◎
13	小林 純一詩集 久保 雅勇・絵	茂作じいさん	⦿★☆●◎
14	谷川俊太郎詩集 長 新太・絵	地球へのピクニック	★◎
15	与田 準一詩集 深沢 省三・絵 深沢 紅子・絵	ゆめみることば	★
16	岸田 衿子詩集 中谷千代子・絵	だれもいそがない村	
17	江間 章子詩集 榊原 直美・絵	水と風	◇◎
18	原田 直友詩集 小野 まり・絵	虹―村の風景―	★
19	福田 正夫詩集 福田 達夫・絵	星の輝く海	★☆
20	草野 心平詩集 長野ヒデ子・絵	げんげと蛙	★☆○◇
21	宮田 滋子詩集 青木まさる・絵	手紙のおうち	☆○
22	久保田昭三詩集 斎藤 彬子・絵	のはらでさきたい	
23	鶴岡千代子詩集 加倉井和夫・武田 淑子・絵	白いクジャク	★●
24	尾上 尚子詩集 まど・みちお・絵	そらいろのビー玉	★☆ 児文協新人賞
25	水上 紅詩集 深沢 紅子・絵	私のすばる	☆
26	野呂 昶詩集 福島 二三・絵	おとのかだん	★
27	こやま峰子詩集 武田 淑子・絵	さんかくじょうぎ	☆
28	青戸かいち詩集 駒宮 録郎・絵	ぞうの子だって	
29	まきたかし詩集 福田 達夫・絵	いつか君の花咲くとき	★☆♡
30	薩摩 忠詩集 駒宮 録郎・絵	まっかな秋	★☆♡
31	新川 和江詩集 福島 二三・絵	ヤァ！ヤナギの木	★☆○♡
32	井上 靖詩集 駒宮 録郎・絵	シリア沙漠の少年	★☆♡
33	古村 徹三 詩・絵	笑いの神さま	
34	江上 波夫詩集 青空風太郎・絵	ミスター人類	○☆
35	秋原 秀夫詩集 鈴木 義治・絵	風の記憶	★◎
36	水村三千夫詩集 武田 淑子・絵	鳩を飛ばす	
37	久冨 純江詩集 渡辺安芸夫・絵	風車 クッキングポエム	
38	日野 生三詩集 吉野晃希男・絵	雲のスフィンクス	★
39	佐藤 雅子詩集 佐藤 太清・広瀬きよみ・絵	五月の風	★
40	小黒 恵子詩集 武田 淑子・絵	モンキーパズル	★
41	木村 信子詩集 山本 典子・絵	でていった	
42	中野 栄子詩集 吉田 翠・絵	風のうた	☆
43	宮田 滋子詩集 牧村 慶子・絵	絵をかく夕日	★
44	大久保ティ子詩集 渡辺安芸夫・絵	はたけの詩	★☆
45	秋原 秀夫詩集 赤星 亮衛・絵	ちいさなともだち	♥

☆日本図書館協会選定（2015年度で終了）　●日本童謡賞　♧岡山県選定図書　◇岩手県選定図書
★全国学校図書館協議会選定（SLA）　♡日本子どもの本研究会選定　◆京都府選定図書
□少年詩賞　■茨城県すいせん図書　♥秋田県選定図書　◇⃞芸術選奨文部大臣賞
○厚生省中央児童福祉審議会すいせん図書　♣愛媛県教育会すいせん図書　⦿赤い鳥文学賞　◆⃞赤い靴賞

…ジュニアポエムシリーズ…

番号	著者	書名	記号
46	日友靖子詩集　藤城清治・安西明美・絵	猫曜日だから	◆☆
47	秋葉てる代詩集　武田淑子・絵	ハープムーンの夜に	♡
48	こやま峰子詩集　山本省三・絵	はじめのいーっぽ	★♡
49	黒柳啓子詩集　金子滋・絵	砂かけ狐	♡
50	三枝ますみ詩集　武田淑子・絵	ピカソの絵	☆♡●
51	夢虹二詩集　武田淑子・絵	とんぼの中にぼくがいる	♡○♥
52	はたちよしこ詩集　まど・みちお・絵	レモンの車輪	□♧
53	大岡信詩集　葉祥明・絵	朝の頌歌	★☆♡♥◎
54	吉田瑞穂詩集　吉田翠・絵	オホーツク海の月	★☆♡
55	さとう恭子詩集　村上保・絵	銀のしぶき	★☆♡
56	星乃ミミナ詩集　葉祥明・絵	星空の旅人	★☆♡
57	葉祥明詩・絵	ありがとう そよ風	★♡▲
58	青戸かいち詩集　初山滋・絵	双葉と風	
59	小野ルミ詩集　和田誠・絵	ゆきふるるん	★☆●♡
60	なぐもはるき詩・絵	たったひとりの読者	★♡♧
61	小関秀夫詩集　小倉玲子・絵	風《かざ》栞《しおり》	★♡♥
62	海沼松世詩集　守下さおり・絵	かげろうのなか	☆♡
63	山本龍生詩集　小倉玲子・絵	春行き一番列車	♡
64	小泉周二詩集　深沢省三・絵	こもりうた	★☆♡
65	かわてせいぞう詩集　若山憲・絵	野原のなかで	♡★♥
66	えぐちまき詩集　赤星亮衛・絵	ぞうのかばん	♡◆♥
67	池田あきつ詩集　小倉玲子・絵	天気雨	♡
68	藤井則行詩集　君島美知子・絵	友へ	♡♤
69	藤哲生詩集　武田淑子・絵	秋いっぱい	★♠
70	日友靖子詩集　深沢紅子・絵	花天使を見ましたか	★
71	吉田瑞穂詩集　吉田翠・絵	はるおのかきの木	★
72	小島禄琅詩集　中村陽子・絵	海を越えた蝶	★☆♡♥
73	にしおまさこ詩集　杉田幸子・絵	あひるの子	★
74	山下竹二詩集　徳田徳志芸・絵	レモンの木	★
75	高崎乃理子詩集　奥山英俊・絵	おかあさんの庭	★♡
76	檜きみこ詩集　広瀬弦・絵	しっぽいっぽん	●★☆□♡
77	たかはしけいこ詩集　高田三郎・絵	おかあさんのにおい	♡♣□
78	星乃ミミナ詩集　深澤邦朗・絵	花かんむり	☆♥♡
79	佐藤照雄詩集　津波信久・絵	沖縄 風と少年	☆♡★
80	相馬梅子詩集　やなせたかし・絵	真珠のように	♥★
81	小島禄琅詩集　深沢紅子・絵	地球がすきだ	★
82	鈴木美智子詩集　黒澤梧郎・絵	龍のとぶ村	◇★♥
83	いがらしれいこ詩集　高田三郎・絵	小さなてのひら	☆
84	宮入黎子詩集　小倉玲子・絵	春のトランペット	☆★
85	下田喜久美詩集　方振寧・絵	ルビーの空気をすいました	☆
86	野呂昶詩集　方振寧・絵	銀の矢ふれふれ	★
87	ちよはらまちこ詩集　ちよはらまちこ・絵	パリパリサラダ	★
88	秋原秀夫詩集　徳田徳志芸・絵	地球のうた	☆★
89	中島あやこ詩集　井上緑・絵	もうひとつの部屋	★
90	藤川こうのすけ詩集　葉祥明・絵	こころインデックス	☆

✻サトウハチロー賞　✣毎日童謡賞　♠奈良県教育研究会すいせん図書
✺三木露風賞　❖北海道選定図書　✿三越左千夫少年詩賞
♤福井県すいせん図書　◈静岡県すいせん図書
▲神奈川県児童福祉審議会推薦優良図書　◎学校図書館図書整備協会選定図書(SLBA)

…ジュニアポエムシリーズ…

- 91 新井　和・詩集／高田　三郎・絵　おばあちゃんの手紙　☆★
- 92 はなわたえこ・詩集／えばとかつこ・絵　みずたまりのへんじ　★●
- 93 柏木恵美子・詩集／武田　淑子・絵　花のなかの先生　☆
- 94 中原千津子・詩集／寺内　直美・絵　鳩への手紙　★
- 95 髙瀬美代子・詩集／小倉　玲子・絵　仲なおり　★
- 96 杉本深由起・詩集／若山　憲・絵　トマトのきぶん　☆★◎ 児文芸新人賞
- 97 宍倉さとし・詩集／守下さおり・絵　海は青いとはかぎらない　♧
- 98 石井　英行・詩集／有賀　忍・絵　おじいちゃんの友だち　■
- 99 なかのひろ・詩集／アサト・シェラ・絵　とうさんのラブレター　☆★
- 100 小松　静江・詩集／藤川　秀之・絵　古自転車のバットマン
- 101 石原　一輝・詩集／加藤　真夢・絵　空になりたい　☆♧★
- 102 小泉　周二・詩集／西　真里子・絵　誕生日の朝　☆■★
- 103 くすのきしげのり・童謡／わたなべあきお・絵　いちにのさんかんび　☆★
- 104 成本　和子・詩集／小倉　玲子・絵　生まれておいで　☆★♧♡♧
- 105 伊藤　政弘・詩集／小倉　玲子・絵　心のかたちをした化石　★
- 106 川崎　洋子・詩集／井戸　妙子・絵　ハンカチの木　□★☆
- 107 柘植　愛子・詩集／油野　誠一・絵　はずかしがりやのコジュケイ　♧
- 108 新谷智恵子・詩集／葉　祥明・絵　風をください　☆⊕❂●♡✣
- 109 金親　尚子・詩集／牧　進・絵　あたたかな大地　☆
- 110 黒柳　啓子・詩集／吉田　翠・絵　父ちゃんの足音　☆★♡□
- 111 富田　栄子・詩集／油野　誠一・絵　にんじん笛　♡☆
- 112 原　国子・詩集／高畠　純・絵　ゆうべのうちに　☆△
- 113 宇部　京子・詩集／スズキコージ・絵　よいお天気の日に　○□●☆◇★
- 114 武鹿　悦子・詩集／牧野　鈴子・絵　お花見　☆□
- 115 山本なおこ・詩集／梅田　俊作・絵　さりさりと雪の降る日　☆★
- 116 小林比呂古・詩集／おおた慶文・絵　ねこのみち　☆
- 117 後藤れい子・詩集／渡辺あきお・絵　どろんこアイスクリーム　☆
- 118 重清　良吉・詩集／高田　三郎・絵　草の上　☆□❁◆★
- 119 宮中　雲子・詩集／西　真里子・絵　どんな音がするでしょか　✻★
- 120 前山　敬子・詩集／若山　憲・絵　のんびりくらげ　☆★
- 121 川端　律子・詩集／若山　憲・絵　地球の星の上で　♡
- 122 たかはしけいこ・詩集／織茂　恭子・絵　とうちゃん　♡❁♣★
- 123 宮田　滋子・詩集／深澤　邦朗・絵　星の家族　☆●
- 124 国沢たまき・詩集／唐沢　静・絵　新しい空がある
- 125 池田あきつ・詩集／小倉　玲子・絵　かえるの国　★
- 126 黒田　恵子・詩集／倉島千賀子・絵　ボクのすきなおばあちゃん　☆★♡
- 127 垣内　磯子・詩集／宮崎　照代・絵　よなかのしまうまバス　☆♡★
- 128 小泉　周二・詩集／佐藤　平八・絵　太陽へ　❁★●☆♡
- 129 中島　和子・詩集／秋里　信子・絵　青い地球としゃぼんだま　☆★
- 130 のろさかん・詩集／福島一二三・絵　天のたて琴　☆
- 131 加藤　丈夫・詩集／葉　祥明・絵　ただ今受信中　☆★
- 132 北原　悠子・詩集／深沢　紅子・絵　あなたがいるから　♡
- 133 池田もと子・詩集／小倉　玲子・絵　おんぷになって　♡
- 134 鈴木　初江・詩集／吉田　翠・絵　はねだしの百合　★
- 135 垣内　磯子・詩集／今井　俊・絵　かなしいときには　★

△長野県教育委員会すいせん図書　✡㈶日本動物愛護協会推薦図書
◈茨城県推奨図書

…ジュニアポエムシリーズ…

136	秋葉てる代詩集 やなせたかし・絵	おかしのすきな魔法使い	●★
137	青戸かいち詩集 永田　萠・絵	小さなさようなら	❀★
138	柏木恵美子詩集 高田三郎・絵	雨のシロホン	♡★
139	藤井則行詩集 阿見みどり・絵	春　だ　か　ら	♡★◎
140	黒田勲子詩集 山中冬児・絵	いのちのみちを	
141	南郷芳明詩集 的場豊子・絵	花　時　計	
142	やなせたかし 詩・絵	生きているってふしぎだな	
143	内田麟太郎詩集 斎藤隆夫・絵	うみがわらっている	
144	しまざきふみ詩集 島崎奈緒・絵	こねこのゆめ	♡
145	糸永えつこ詩集 武井武雄・絵	ふしぎの部屋から	♡
146	石坂きみこ詩集 鈴木英二・絵	風　の　中　へ	♡
147	坂本のこ詩集 坂本こう・絵	ぼくの居場所	♡
148	島村木綿子 詩・絵	森　の　た　ま　ご	❀
149	楠木しげお詩集 わたせせいぞう・絵	まみちゃんのネコ	★
150	牛尾良子詩集 上矢　津・絵	おかあさんの気持ち	♡
151	三越左千夫詩集 阿見みどり・絵	せかいでいちばん大きなかがみ	★
152	水村三千夫詩集 高見八重子・絵	月と子ねずみ	
153	川越文子詩集 横松桃子・絵	ぼくの一歩　ふしぎだね	★
154	すずきゆかり詩集 葉　祥明・絵	まっすぐ空へ	
155	西田　純詩集 葉　祥明・絵	木の声　水の声	
156	清野倭文子詩集 水科　舞・絵	ちいさな秘《ひ》密《みつ》	
157	川奈　静詩集 直江みちる・絵	浜ひるがおはパラボラアンテナ	★◎
158	若木良水詩集 西　真里子・絵	光と風の中で	
159	牧　陽子詩集 渡辺あきお・絵	ね　こ　の　詩	★◎
160	宮田滋子詩集 阿見みどり・絵	愛　一　輪	★◎
161	井上灯美子詩集 唐沢　静・絵	ことばのくさり	☆●
162	滝波万理子詩集 滝波裕子・絵	みんな王《おう》様《さま》	★●
163	冨岡みち詩集 関口コオ・絵	かぞえられへん　せんぞさん	★
164	垣内磯子詩集 辻　恵子・切り絵	緑色のライオン	★◎
165	すぎもとれいこ詩集 平井辰夫・絵	ちょっといいことあったとき	★
166	岡田喜代子詩集 おぐらひろかず・絵	千　年　の　音	★☆◎
167	川奈　静詩集 直江みちる・絵	ひもの屋さんの空	★◎☆♥♡
168	鶴岡千代子詩集 武田淑子・絵	白　い　花　火	★☆
169	井上灯美子詩集 唐沢　静・絵	ちいさい空をノックノック	★◎☆
170	尾崎杏子詩集 ひなた山すじゅう郎・絵	海辺のほいくえん	☆♡★◎
171	柘植愛子詩集 やなせたかし・絵	たんぽぽ線路	☆♡★◎●
172	小林比呂古詩集 うめざわのりお・絵	横須賀スケッチ	☆★◎♡▲
173	林　佐知子詩集 串田敦子・絵	きょうという日	☆★◎♡▲
174	後藤基宗子詩集 岡澤由紀子・絵	風とあくしゅ	☆♥★◎♡
175	土屋律子詩集 高瀬のぶえ・絵	るすばんカレー	☆♡★◎▲
176	三輪アイ子詩集 深沢邦朗・絵	かたぐるましてよ	★☆♡
177	田辺瑞美子詩集 西　真里子・絵	地　球　賛　歌	☆★◎
178	髙瀬美代子詩集 小倉玲子・絵	オカリナを吹く少女	☆♡
179	中野惠子詩集 串田敦子・絵	コロポックルでておいで	★♡☆●
180	松井節子詩集 阿見みどり・絵	風が遊びにきている	★☆♡▲

…ジュニアポエムシリーズ…

181 新谷智恵子詩集 徳田徳志芸・絵 とびたいペンギン 佐世保文学賞 ♡★◎▲
182 牛尾良子詩集 牛尾征治・写真 庭のおしゃべり ♡★◎
183 三枝ますみ詩集 髙見八重子・絵 サバンナの子守歌 ☆★
184 佐藤雅子詩集 佐藤太清 菊池治子・絵 空の牧《まき》場《ば》 ☆★♡■◎◈
185 山内弘子詩集 おぐらひろかず・絵 思い出のポケット ♡★●
186 山内弘子詩集 阿見みどり・絵 花の旅人 ♡★▲
187 原国子詩集 牧野鈴子・絵 小鳥のしらせ ♡★△◎
188 人見敬子詩・絵 方《はこ》舟《ぶね》地球号 —いのちは元気— ♡★◎
189 林佐知子詩集 串田敦子・絵 天にまっすぐ ★☆♡◎
190 小臣富子詩集 渡辺あきお・絵 わんさかわんさかどうぶつさん ✡♡★◎
191 川越文子詩集 かまだちえみ・写真 もうすぐだからね ♡★◎
192 永田喜久男詩集 武田淑子・絵 はんぶんごっこ ☆★◎♡
193 吉田房子詩集 大和田明代・絵 大地はすごい ★◎♡
194 石井春香詩集 髙見八重子・絵 人魚の祈り ★♡
195 石原一輝詩集 小倉玲子・絵 雲のひるね ♡

196 たかはしけいこ詩集 髙橋敏彦・絵 そのあと ひとは ★
197 宮田滋子詩集 おおた慶文・絵 風がふく日のお星さま ★♡◎
198 渡辺恵美子詩集 つるみゆき・絵 空をひとりじめ ★♡●
199 宮中雲子詩集 西真里子・絵 手と手のうた ★
200 杉本深由起詩集 太田大八・絵 漢字のかんじ ★♡
201 井上灯美子詩集 唐沢静・絵 心の窓が目だったら ★♡
202 峰松晶子詩集 おおた慶文・絵 きばなコスモスの道 ★♡
203 高橋文子詩集 山中桃子・絵 八丈太鼓 ★♡
204 長野貴子詩集 武田淑子・絵 星座の散歩 ★♡
205 江口正子詩集 髙見八重子・絵 水の勇気 ♡☆★
206 藤本美智子詩・絵 緑のふんすい ☆♡★
207 林佐知子詩集 串田敦子・絵 春はどどど ♡★◎
208 小関秀夫詩集 阿見みどり・絵 風のほとり ☆♡★
209 宗美津子詩集 宗信寛・絵 きたのもりのシマフクロウ ♡★
210 かわてせいぞう詩集 髙橋敏彦・絵 流れのある風景 ☆♡★

211 土屋律子詩集 高瀬のぶえ・絵 ただいまぁ ★♡☆◎
212 永田喜久男詩集 武田淑子・絵 かえっておいで ☆♡★
213 みたみちこ詩集 牧進・絵 いのちの色 ♡★
214 糸永えつこ詩集 糸永わかこ・絵 母です 息子です おかまいなく ♡☆★
215 宮田滋子詩集 武田淑子・絵 さくらが走る ♡☆★●
216 柏木恵美子詩集 吉野晃希男・絵 ひとりぼっちの子クジラ ♡★◎
217 江口正子詩集 髙見八重子・絵 小さな勇気 ♡☆★
218 井上灯美子詩集 唐沢静・絵 いろのエンゼル ★♡
219 中島あやこ詩集 日向山寿十郎・絵 駅伝競走 ★☆♡
220 高橋孝治詩集 髙見八重子・絵 空の道 心の道 ★♡
221 江口正子詩集 日向山寿十郎・絵 勇気の子 ♡☆★
222 宮田滋子詩集 牧野鈴子・絵 白鳥よ ☆★
223 井上良子詩集 銅版画 太陽の指環 ★
224 川越文子詩集 山中桃子・絵 魔法のことば ♡☆★
225 西本みさこ詩集 上司かのん・絵 いつもいっしょ ☆♡

…ジュニアポエムシリーズ…

- 226 おばらいちこ詩集 髙見八重子・絵 ぞうのジャンボ ☆★♡
- 227 吉田房子詩集 本田あまね・絵 まわしてみたい石臼 ★♡
- 228 吉田房子詩集 阿見みどり・絵 花 詩 集 ★♡◎
- 229 田中たみ子詩集 唐沢静・絵 へこたれんよ ★◎
- 230 林佐知子詩集 串田敦子・絵 この空につながる ★♡
- 231 藤本美智子 詩・絵 心のふうせん ★♡
- 232 火星雅範詩集 西川律子・絵 ささぶねうかべたよ ★♡▲
- 233 吉田房子詩集 岸田歌子・絵 ゆりかごのうた ★♡
- 234 むらかみみちこ詩集 むらかみみちこ むらかみあくる・絵 風のゆうびんやさん ★♡
- 235 白谷玲花詩集 阿見みどり・絵 柳川白秋めぐりの詩 ★♡
- 236 ほさかとしこ詩集 内山つとむ・絵 神さまと小鳥 ★☆♡
- 237 内田麟太郎詩集 長野ヒデ子・絵 まぜごはん ☆★◎♡▲
- 238 小林比呂古詩集 出口雄大・絵 きりりと一直線 ♡★
- 239 牛尾良子詩集 おぐらひろかず・絵 うしの土鈴とうさぎの土鈴 ★◎♡
- 240 山本純子詩集 ルイコ・絵 ふ ふ ふ ★♡☆◎
- 241 神田亮 詩・絵 天 使 の 翼 ★☆♡
- 242 かんざわみえ詩集 阿見みどり・絵 子供の心大人の心さ迷いながら ☆★◎▲
- 243 永田喜久男詩集 内山つとむ・絵 つながっていく ★☆♡
- 244 浜野木碧 詩・絵 海 原 散 歩 ☆★◎♡
- 245 やまうち・しゅうへい詩集 山本省三・絵 風のおくりもの ☆★◎♡
- 246 すぎもとれいこ 詩・絵 てんきになあれ ★◎
- 247 冨岡みち詩集 加藤真夢・絵 地球は家族 ひとつだよ ♡☆◎★
- 248 北野千賀詩集 滝波裕子・絵 花束のように ♡☆★◎
- 249 石原一輝詩集 加藤真夢・絵 ぼくらのうた ♡★◎
- 250 土屋律子詩集 高瀬のぶえ・絵 まほうのくつ ♡☆★◎
- 251 津坂治男詩集 井上良子・絵 白 い 太 陽 ☆♡★◎
- 252 石井英行詩集 よしだちなつ・表紙絵 野 原 く ん ☆★♡◎▲
- 253 井上灯美子詩集 唐沢静・絵 たからもの ☆♡★
- 254 大竹典子詩集 加藤真夢・絵 おたんじょう ☆★
- 255 たかはしけいこ詩集 織茂恭子・絵 流 れ 星 ★♡
- 256 谷川俊太郎詩集 下田昌克・絵 そ し て ♡★◎
- 257 なんば・みちこ詩集 布下満・絵 トックントックン 大空で大地で ★◎
- 258 宮本美智子詩集 阿見みどり・絵 夢の中に そっと ★◎♡
- 259 成本和子詩集 阿見みどり・絵 天 使 の 梯 子 ★◎
- 260 海野文音詩集 牧野鈴子・絵 ナ ン ド デ モ ★♡
- 261 熊谷本郷詩集 永田萠・絵 かあさん かあさん ★♡
- 262 大楠翠詩集 吉野晃希男・絵 おにいちゃんの紙飛行機 ★♡●
- 263 久保恵子詩集 たかせちなつ・絵 わたしの心は 風に舞う ★♡
- 264 みずかみさやか詩集 葉祥明・絵 五月の空のように ★♡
- 265 尾崎昭代詩集 中辻アヤ子・絵 たんぽぽの日 ★
- 266 はやしゆみ詩集 渡辺あきお・絵 わたしはきっと小鳥 ★
- 267 田沢節子詩集 永田萠・絵 わき水ぷっくん △★♡
- 268 柘植愛子詩集 そねはらまさえ・絵 赤いながぐつ ★♡
- 269 馬場与志子詩集 日向山寿十郎・絵 ジャンケンポンでかくれんぼ ♡★
- 270 内田麟太郎詩集 高畠純・絵 たぬきのたまご ★

…ジュニアポエムシリーズ…

- 271 むらかみみちこ 詩・絵 家族のアルバム ★
- 272 井上和子詩集 吉田瑠美・絵 風のあかちゃん ★
- 273 佐藤一志詩集 日向山寿十郎・絵 自然の不思議 ♡
- 274 小沢千恵 詩・絵 やわらかな地球 ♡
- 275 あべこうぞう詩集 大谷さなえ・絵 生きているしるし ♡
- 276 宮田滋子詩集 田中槇子・絵 チューリップのこもりうた
- 277 林佐知子詩集 葉祥明・絵 空の日
- 278 いしがいようこ 詩・絵 ゆれる悲しみ
- 279 村瀬保子詩集 武田淑子・絵 すきとおる朝
- 280 あわゆりこ詩集 高畠純・絵 まねっこ
- 281 川越文子詩集 福田岩緒・絵 赤い車
- 282 白石はるみ詩集 かないゆみこ・絵 エリーゼのために
- 283 尾崎杏子詩集 日向山寿十郎・絵 ぼくの北極星

＊刊行の順番はシリーズ番号と異なる場合があります。

ジュニアポエムシリーズは、子どもにもわかる言葉で真実の世界をうたう個人詩集のシリーズです。

本シリーズからは、毎回多くの作品が教科書等の掲載詩に選ばれており、1974年以来、全国の小・中学校の図書館や公共図書館等で、長く、広く、読み継がれています。

心を育むポエムの世界。

一人でも多くの子どもや大人に豊かなポエムの世界が届くよう、ジュニアポエムシリーズはこれからも小さな灯をともし続けて参ります。

銀の小箱シリーズ

- 葉 祥明・詩・絵　小さな庭
- 若山 憲・詩・絵　白い煙突
- こばやしひろこ・詩　うめざわのりお・絵　みんななかよし
- 江口 正子・詩　油野 誠一・絵　みてみたい
- やなせたかし 詩・絵　あこがれよなかよくしよう
- 冨岡 みち・詩　関口 コオ・絵　ないしょやで
- 小林比呂古・詩　神谷 健雄・絵　花かたみ
- 小泉 周二・詩　辻 友紀子・絵　誕生日・おめでとう
- 柏原 耿子・詩　阿見みどり・絵　アハハ・ウフフ・オホホ★♡▲
- こばやしひろこ・詩　うめざわのりお・絵　ジャムパンみたいなお月さま★▲

銀の鈴文庫

- 小沢 千恵・詩　下田 昌克・絵　あのこ♡

すずのねえほん

- たかはしけいこ・詩　中釜浩一郎・絵　わたし★◎
- 尾上 尚子・詩　小倉 玲子・絵　ぽわぽわん
- 糸永えつこ・詩　高見八重子・絵　はるなつあきふゆもうひとつ★ 児文芸新人賞
- 山口 敦子・詩　高橋 宏幸・絵　ばあばとあそぼう
- あらい・まさはる・童謡　しのはらはれみ・絵　けさいちばんのおはようさん
- 佐藤 雅子・詩　佐藤 太清・絵　こもりうたのように● 日本童謡賞　美しい日本の12ヵ月
- 柏木 隆雄・詩　やなせたかし他・絵　かんさつ日記★♡

アンソロジー

- 渡辺 浦人・編　村上 保・絵　赤い鳥 青い鳥●
- わたげの会・編　渡辺あきお・絵　花ひらく★
- 木曜会・編　西真里子・絵　いまも星はでている★
- 木曜会・編　西真里子・絵　いったりきたり♡
- 木曜会・編　西真里子・絵　宇宙からのメッセージ
- 木曜会・編　西真里子・絵　地球のキャッチボール★◎
- 木曜会・編　西真里子・絵　おにぎりとんがった☆★◎
- 木曜会・編　西真里子・絵　みぃーつけた♡★◎
- 木曜会・編　西真里子・絵　ドキドキがとまらない
- 木曜会・編　西真里子・絵　神さまのお通り★
- 木曜会・編　西真里子・絵　公園の日だまりで★♡
- 木曜会・編　西真里子・絵　ねこがのびをする♡★

掌の本 アンソロジー

- こころの詩 I
- しぜんの詩 I
- いのちの詩 I
- ありがとうの詩 I
- 詩集 希望
- 詩集 家族
- いのちの詩集―いきものと野菜
- ことばの詩集―方言と手紙
- 詩集―夢・おめでとう
- 詩集―ふるさと・旅立ち

心に残る本を　そっとポケットに　しのばせて…

・A7判（文庫本の半分サイズ）　・上製、箔押し